Margot Weinand

AF176041

Manchmal ist es so

Gedichte gereimt und ungereimt

© 2022, Margot Weinand
Herstellung und Verlag:
BoD – Books on Demand, Norderstedt
ISBN: 9783756897940

Vorwort

Wir freuen uns alle auf eine kleine Pause des Alltags. Eine gute Idee ist es sich durch ein Gedicht heraus nehmen zu lassen. Ich schreibe über erlebte Momente und Begegnungen in der Natur. Auch schreibe ich über Nachdenkliches unserer Zeit, und über Nettigkeiten am Rande.
Mein Motto heißt: „Für alle Momente des Lebens ein Gedicht. "
Sie werden beim Lesen mein Motto erkennen.
Hin und wieder werden mir von den Bewohnern Gedichte geschenkt, die ich dann auch veröffentliche. Oder auf besonderem Wunsch entwerfe ich auch Persönliche Gedichte. Mit Freuden schreibe ich immer wieder weiter und verbleibe

Mit freundlichem Gruß
    Ihre
      Margot Weinand

Brauchtum

Es gibt in unserem Land ein Brauch
sollte man Wissen, dies prüft man auch.
Wem Deutschland wird zum Heimatland
prüft dies beim Reisen,
ob alles ihm wohl ist bekannt.

Man sieht, wenn im Kalender
mit Rotstift rot angezeigt
oder als Sternchen man unterstreicht.
Damit der Verlag Daheim nichts übersieht
habe ich alles was
wichtig zusammen gesiebt.

All diese Legenden sind schwer zu
überprüfen,
tut man es doch, wird man schnell
übermüden.

Der Frühling naht

Der Frühling er will sich uns nahen
Kann das einfach nicht so bejahen.
Parkbänke haben alle Schneehauben,
die festgefroren und nicht taugen.

Die Sonne sie hält sich sehr bedeckt
Dass der Schnee durch sie nicht weg.
Wir müssen einfach uns gedulden.
Es hilft uns nicht bei den Tumulten.

Der Frühling über Nacht

Der Frühling kommt sanft über Nacht.
Blüten zeigen deutlich ihre Pracht,
Sonne ist es, die es schafft.
Ein Wetter das uns Freude macht.
Im Garten hell die Osterglocken,
wollen mit bunten Farben locken.
Jeder neue Tag er verspricht,

Es war doch schön

Es war doch schön zusammen mit dir
Als wir das Leben liebten.
Warte auf dich, du wirst schon kommen.
Es dauert nur noch eine kurze Zeit.
Dann scheint auch wieder hell die Sonne
Dann sind wir wieder zusammen.

Freundschafts-Gedicht

Wünsche uns beiden eine schöne Zeit.
Frühjahr hält Überraschungen bereit.
Dass das Glück auf unserer Seite bleibt.
Der Frühling dieses Jahr sich kräftig
zeigt.
Zart der Wind Blüten in die Luft pustet.
Uns werden rosa Träume zugemutet.
Wir freuen uns, dass wir uns haben
Das nutzen auch mit unseren Gaben.
Im Alter unser Herz dann lacht
Weil es uns sehr viel Freude macht.

Der Park

Der Blick in unseren schönen Park
Was möchte ich dort schon finden
Eine junge Frau die gerne raucht
Mit dem Telefon am Ohr, dem linken
Sie überlegt, wunderschön ist der Steg.
geht weiter nach Hause still ihren Weg.

Ein bestimmtes Lächeln

Schenk mir ein Lächeln ehe du gehst,
dieses Lächeln wir mich still begleiten.
Ein Lächeln kann Trost und Liebe geben
Verstehen Mitleid und Freundschaft sein.
Ein warmes Lächeln öffnet trübe Tage.
Morgenlicht und Dämmerung bei Nacht
die Seele mantelwarm vertraut.
Gibt Freude jedem der ein Lächeln schaut

Wieder ein Tag

Wieder ein Tag vom Konto meines Lebens,
nichts Neues konnte es der Sonne geben.
In den kleinen Momenten liegt das Glück.
Der Gestrige Tag er ist weg.
und er kommt nicht mehr zurück.

Urlaubserinnerungen

Sonne versteckt sich mehr und mehr.
Wo kommt der viele Regen nur her,
für die Abkühlung ist der Regen gut.
Wir sparen uns den Sonnenhut.
Irgendwo kehren wir ein um zu ruhen.
Doch die Sennerin hatte viel zu tun.

Komm mit

Ein Wochenende arbeitsfrei,
was wollen wir beginnen?
Ach frag doch nicht, es liegt wie Blei,
mir auf mein Herz und Sinnen.
Komm doch mit, ich bin dabei.

Unsere Ängste bleiben drinnen.
Wir beide wandern frank und frei
vorgrauen Zinnen dann vorbei.
Wir werden dabei sorgenfrei
auch neue Kraft gewinnen.

Zeiger

Spürst wenn der Zeiger sich dreht?
Die Stunde anzeigt, die Tag für Tag
vorüberzieht.
Spürst du, wenn der Zeiger stehen bleibt,
Die Zeit aber weiter geht?
Es ist verlorene manchmal auch
Gewonnene Zeit es liegt an dir.

Welch ein Gefühl

Allein auf der Insel nahe der Natur.
Wo die Tiere noch scheu.
Pflanzen bei leisem Wind sich bewegen.

Sonne das Meer spiegelt.
Das Wasser kommt und geht.
Höre das Plätschern der Wellen.
Am Horizont ein Segler.

Hier kann ich sitzen,
zu den Füssen ein kleiner Vogel.
Es ist in der Stunde der Stille,
ein wunderbares Gefühl.

Wasserstein

Warf einen Stein ins Wasser,
das Wasser bildete einen Kreis.
Sah den Schwan hinunterschauen,
er wunderte sich, erkannte die Tiefe

Wahre Kunst

Die wahre Kunst entnimmt dem Tage.
Allein, sie dient dem Tage nicht.
Sie lauscht ergriffen jeder Klage,
und tönt sie wieder im Gedicht.
Doch nimmer wird ihr Wort zur Plage.
Das ewig Lehr und Mahnung sprecht.
Schönheit wirkt sie Innigkeit und Größe.
Nicht durch Schmähung und Degenstöße

Es ist ihr Reich, so ermessen.
So wunderlich hoch und weit.
Dass ein Unding sie zu pressen,
ins enge, karge Joch der Zeit.
Ihr Fuß versäumt sich weltvergessen,
ihr Auge sucht die Ewigkeit
So rettet sie ihrem heiligen Schoße.
Im Drang des Tages menschlich Große.

Am Teich

Beobachte Enten, die das Wasser pflügen
In dieser Stille bleibt der Teich voll Leben

Ob sich das gleicht

Vögel zwitschern, Mücken tanzen.
In dem hellen Sonnenschein.
Tiefgrüne feuchte Raben,
sehen ins Fenster dann hinein.

Die Tauben gurren und kosen.
Dort auf dem niedrigen Dach.
Im Garten jagen spielend,
die Buben, den Mädchen nach.

Offene Fragen

Viele Fragen blieben offen,
warum wurde Glück zerbrochen.
Wozu ist manch Böses mächtig.
Warum so viel Ungerechtigkeit
und so viel Leiden in der Zeit.
Warum so oft lebt das Betrügen
Statt sich in der Wahrheit üben.

Melodie

Hör eine Melodie, längst vergangener
Zeit
der Text ist mir zu weit weg kenne ihn,
nicht mehr. Mein Herz ist nicht leer,
es singt einfach mit und bleibt dadurch fit.

Mir fehlt die Ruhe
Kann nicht schlafen es ist mir zu warm.
Liege immer zu lange wach.

Dem der noch richtig sieht

Schade, dass bei Rosen Dornen stehen.
Es gibt Menschen, die darüber klagen.
manche wollen die Dinge anders sehen
gut, dass Dornensträucher Rosen tragen.
Recht hat? Beide muss man nennen.
Ein jeder schauts von seiner Seite an.
Im Alltagsleben sind sie zu erkennen.
Wer nur hell und dann düster sehen kann.

Farben leuchten am Frühlingstag

Himmel in leuchtenden Farben
Sonnenuhr ist bemüht zu warten.
Wirft wieder leicht den Schatten
Über die grünen Matten.
Bäume streuen Blütenschnee
schmücken leicht den grünen Klee.

Der Löwenzahnteppich ausgerollt,
der Vogelschar wie sie es gewollt.
Unterhaltungsgeschwister im Rahmen
Das viele zum Vogelkonzert kamen.
Der laue Wind weht herrlichen Duft.
Überall Blüten dann in der freien Luft.

Erlebe den Frühling

Erlebe einen herrlichen Frühlingstag.
Warte was er mir wohl bringen mag.
Jetzt atme ich frei und bin erfreut,
denn ich liebe diese schöne Jahreszeit.

Urlaubszeit

Vieles gibt es was mich interessiert,
nutze den Urlaub um Träume zu leben.
Schaffe es nicht, was ich habe geplant.
Kraft und Freude gehören der Familie
Das war so das bleibt so wo bleibe ich?

Wachstum

Tau sinkt in fruchtbare Erde,
löst sich auf und lebt der Sonne entgegen

Starre Winteräste

Starre Winteräste, grau und trostlos
Schwere Zeiten für farbiges Laub.

Es wirkt alles so leer

Wünsche schlafen zu können, würde vor
mir weglaufen, um mich nicht zu spüren,
aber ich lebe, sehe den Sternenhimmel.

Gruß der Liebe

Rose, einsam zwischen Schnee und Eis
Steht sie im Garten.
Ihre Blüte hart durch den Frost.
Ihre Farbe ausgebleicht durch die Sonne.
Verbunden mit Wurzel und Stiel, kommt
Ihre Schönheit zur Geltung.
Sie bleibt ein Gruß der Liebe, die nicht an
Der Kälte zerbricht.

Heiße Luft

Sie bekommt am Meer ein Sonnenbrand
An Füßen blasen durch den heißen Sand.
Sie will jetzt ruhen und sie will schweigen
Wie es weiter geht das wird sich zeigen.

Federwolken

Sehe Sonnentau auf ergrautem Haar
Gold in den Augen, deinem Blick
Tränen, wie Perlen deiner Augen.

Farbenlehre

Kälte strahlt die Farbe blau,
Wasser gern zu Eis erbaut.
Wiesen leuchten hell im Grün
es muss die Natur sich mühen.

Lila die Farbe nach innen gewandt.
Nicht jeder ist dazu recht imstand.
Gelb wirkt gut, man meint im Schatten.
ob die Farbenlehre recht wohl hatte.

Rot sind Rosen man schätzt die Ahnung,
wer sich mit Farben befasst bleibt jung.
Beginne auch den Sommer zu lieben,
Besonders in den letzten Tagen ihn zu
Verabschieden.

Achte auf die starken Bäume.
Das leise Rauschen kommt vom Träumen.
Manche Idee wird eingebracht,
und zum Gefallen schnell gemacht.

Für die Hoffnung

Die dich trägt auf dem Lebensweg.
Für den Glauben der dich berührt.
Bleib unterwegs und sei auf der Hut,
denn Übermut das tut selten gut.

Manches Mal wir gern verreisen.
Dann wieder Mal zu Hause bleiben.
Fällt über Nacht leise der Schnee.
Funkeln die Sterne, glitzert der See.

Die Stunde nutzen das ist der Beginn.
Kontakte sind wichtig, sie bringen
Gewinn.
Wichtig bleib treu deinem Wunsche.
Halt fest und vergiss nicht die Stunde.

Räumlich wohl da, durch Welten getrennt.
Verbrachten wir Jahre, die niemand
kennt.
Es wurden Erinnerungen ausgegraben.
Zu entdecken waren wichtige Zahlen.

Lebenserfahrung

Sieh die Tage, wie sie immer eilen,
und die Wochen sich verkeilen.
Erlebnisse vorüberrauschen,
Und Erzählungen vertauschen.
Jahre sammeln dann in großen Becken,
und viel Schönes dabei zu verstecken.

Aber auch die großen Schmerzen,
Freude als Geschenk des Herzens.
In Unzähligen Tief und Höhepunkten,
fehlen oft auch die Wissenspunkte.
Besonders auch die schönen Zeiten
die durch Glück und Freude reifen.

Manches Ahnen der letzten Wahrheit,
dem Ziele dienen in aller Klarheit.
Wir sind jetzt hier alle froh gelandet,
In froher Gemeinschaft die nie versandet.
Der Äußere Rahmen der ist wichtig.
Es bleibt stimmend und das ist richtig.

Sammeln immer wieder

Ein kleiner Hauch vom Wind,
trocknen Tränen geschwind.
Leben, es verändert sich nicht,
es bleibt in allem so wie es ist.

Die einst Verlorene Träume,
und die vergessenen Gedanken,
sind jetzt schon längst voraus,
und löschen überall das Licht.

Hätte das alles niemals gedacht,
was ich schon alles gemacht.
Zwischen der Wüste und dem Sand,
fand dann die letzte Schlacht statt.

Pils

Im Wald unter den Tannen wächst der
Fliegenpilz, Glücksbringer wird Er genannt
habe das Glück gefunden, mag es nicht
genießen es könnte giftig sein.

Spielende Kinder

Die Sonne Lockt Gruppe Kinder malt.
Auf dem Bürgersteig ein Hinkel Kasten.
Der Flache Stein erreicht das Ziel am
Ende immer Himmel oder Hölle. Erkenne
in mir ein Lächeln, freue mich an der
Erinnerung.

Spiegelantlitz

Stehe vor dem Spiegel als sehe ich mich
zum ersten Mal
Das Leben hat Spuren gezeichnet.
Augenbrauen sind heller gewachsen
Um die Augen sind viele Falten.
Lachfalten sagt man,
habe nie viele Lacher gehabt.
Die Falten auf der Stirn mag ich nicht,
hab sie bei meinem Vater gesehen,
die Falten machen ernst und hart.
Das Profil ist unverändert
Früher konnte ich mich nicht annehmen
Heute liebe ich mein Spiegelbild.

Kein guter Tag

Schade, es bleibt für mich heut schwer,
Dass ich fehl, wo man dich ehrt.
Muss in der Kurzzeitpflege bleiben.
Werde gepflegt in der Zeit des Leidens.
Im Augenblick sind`s keine guten Tage.
Denke wir werden sie später noch haben.

Wir sind über sechzig Jahre verwandt
Haben nie Ärger in der Beziehung gekannt
Wenn auch die Wege manches Mal weit
Begegnungen gefüllt mit freudiger Zeit
Jede Feier egal wann sie bekannt.
Braucht Gäste damit die Krönung genannt

Ihr ward Gäste, die man gern hat gesehen
Sich freuen, wenn alle sich wiedersehn.
Die Zukunft sei des Glückes Geleit
Dass du weiterhin dein Ziel erreichst
Denkst planst versuchst und gestaltest
Zu erleben das, was du noch erwartest.

Wenn alle Wenn sich leben ließ

Wenn jeder jedem eine Rose schenkte
Jeder Mensch auf dieser schönen Weit
Wenn jeder zu Gott Gedanken lenkte
Es wäre sehr viel, aber es kostet kein
Geld
Wenn jeder auf dieser Welt irgendwo
Dann seine Hände faltet nur so

Wenn in den Segeln fehlte der Wind
Einer im Dunkeln sein Ziel doch find
Wenn einer rennt, nicht gemütlich geht
Nicht erkennt wer ihm im Wege steht
Wenn einer nie zu sich selber find
Ständig sieht wie schön die neuen sind.

Wenn einer immer recht behält
Nicht merkt was dem andern fehlt.
Wenn einer nach dem Frieden sucht
Der andere aber doch gar nichts versucht
Wenn alle Wenn sich leben ließ
Dann wäre es noch lange kein Paradies.

Es sind viele gekommen

Sicherlich sind zu dir viele gekommen
Haben für den Anlass sich Zeit
genommen
Zu diesem Anlass gilt dir diese Stunde
Alle vereint in einer frohen Runde
Wir lieben Überraschung auf und nieder
Du bist erfolgreich immer wieder.

Bleib du dir treu nur dir allein
Wer treu ist reißt auch Mauern ein.
Du reist durch Länder einfach so
Genießt die Ferne und bleibst froh
Schließt Freundschaften mit der Welt
Brauchst dazu nicht einmal viel Geld.

Bist auch in weiter Ferne zu erkennen
Bist schick und fein immer zu nennen
Über viele Jahre die gleiche Frisur
Wie schafft das Wunder der Frisör das
nur
Wir wollen weiterhin daran denken
Uns auch neue Zeiten schenken.

Wahrheit schenkt Licht

Ein Gedicht schenkt oft das Licht.
Denn im Dunkeln gilt als Nichts.
Die Kraft erzeugt Mut.
Denn Freiheit die tut gut.
Im Licht das wahre Wort
Schickt die Dunkelheit schnell fort.
Denke nach und höre hin
Ehrlichkeit erkennt den Sinn.

Zum Jahresende

Wer diesen Tag nicht froh beginnen kann,
der fange doch erst gar nicht an.
Doch die Mitternächtliche Heiterkeit,
durchbricht dann doch die Ruhezeit.
Es leuchtet und knallt, vorbei ist der Glanz.
Denke zurück und spüre den Tanz.
Merke die Zeit verrinnt hoffe und beginn
Vorsätze, will ich meinen, denk und bleibe
Was gewesen, nie geschafft es zu lesen.
lass wie es ist, Sylvester nur zur Jahresfrist

Rhythmus

Eingebettet in den Rhythmus der
Jahreszeiten.
In ständiger Berührung mit dem Wetter.
Kälte, Wärme, mit Geräuschen und
Gerüchten.
Viele Reize, die ich innerhalb meiner vier
Wände nicht erlebe.
Tag für Tag sehe ich sie in kleinen
Schritten wandeln.
Das alles ist etwas Bodenständiges
Am Ende einer Sommerwoche.
Ein Gefühl, das meine Sinne stärker sind.

Kinder

Kinder sind ein
aufgeschlagenes Buch
Von Eltern geschrieben
und von allen Gelesen.

Momente der Erfahrung

Erst wenn das Herz über die Not zerbricht
Offenbart Gott für seinen Plan Licht und
dann,
wenn Sein Licht durchscheint unser
Leben.
Kann ER Mut zum Räumen und zum
Neubau geben.

Doch Übereifer ist dann nicht richtig.
Die Stille vor Gott die ist allein wichtig.
Nur in der Stille zeigt Gott uns genau.
Wo Er uns braucht beim wichtigen
Mauerbau.

Das Mauerprojekt ohne Chaos das kann
nur sein.
Wenn niemand greift in das Amt des
anderen ein.
Gott baut mit Steinen, die ER brauchbar
gemacht.
Als Salz der Erde und Licht in der Nacht

Weil wir uns kennen

In jeder Phase, die das Leben bringt.
Wir eingestimmt und fröhlich sind.
Jetzt können wir öfters zusammen sein,
nicht mehr fern und nicht mehr allein.

Ein glückliches Herz mit Freude lacht.
Weil es Mut zu kleinen Dingen macht
In jeder Phase in der wir leben, wir
Von Herzen froh und dankbar sind

Wo Gott als Haupt den Leib motiviert
Wird Freundschaft sicher geführt.
Wir dürfen oft Freude erleben
dass ehrlich bleibt unser bestreben.

In der Freundschaft durften wir erkennen
dass auch die Schwache Krönung senden
Denn da, wo ein Glied das andere ergänzt,
bleibt man einander nicht mehr so fremd

Auf dem Strome

Am Himmel der Wolken dunkeln der Kranz
Auf schauerndem Strome hell der Glanz
An der Seite die Wälder, so finster und tot
Flüstern ein Gleiten, vorüber mein Boot.

Ein Schrei aus der Ferne dann stille zuvor
Weil sich Menschen das Leben verlor
Eine Welle leise schon lang nebenher,
denkt wohl ich reise hinunter zum Meer.

Ja ich reise, weiß selbst nicht wohin.
Immer weiter verlockt mich mein Sinn.
Es kündet ein Schimmer vom Morgenrot.
Ich treib noch immer im flüsternden Boot.

Erntemelodie

Gestern noch der Felder Meer in Farben
Heut Reih und Glied ein HEER der
Garben.

Muntere Vögel

Zu dieser frühen Abendstunde
Ein frischer Wind, der für uns gilt.
Am Waldesrand melden sich Vögel,
wie sich der Tag zum andern stellt.
Die Unterhaltung scheint noch rege.
Doch bald verstummt die Vogelschar.

Auf der Straße

Die Sonne schließt langsam ihre Runden,
auf den Straßen ein wildes hin und her
Jeder möchte nach Hause eilen,
doch die Ruh hat niemand mehr.
Und immer nimmt man sich dann vor,
So achtsam zu sein, wie je zu vor.

Kreatur tanzt

Im Sommerwind tanzt alle Kreatur
Libelle huscht zur Wasserlilie nur.
Sie ruht dort und nimmt auf die Spur.
Zum Tanz dann für die nächsten Tour.

Kastanien

Nachts hört sie den dumpfen Fall,
fünf, sechs, und sieben Mal.
Sie verschenkt sie dann an Kindern.
Eine Kastanie, die nimmt sie mit.
Sie liebt die glatte Haut
Und die wohltuende Kühle.

Irrlicht

Ich sah im Herbst mit gelben Blättern
Eine Rose stehen.
Ich wollte zuerst an ihr vorübergehen,
doch ich dachte dann wie kann das sein?
Die Rosenblüte voll entfaltet,
doch kein grünes Blatt allein.
Nach langer Zeit, es fiel der Schnee
Doch ihre Blüte war,
als sei das alles nicht geschehen.

Man staunt

Schneeflocken fallen, tief, weit und breit
Die Tannen hüllen sich mit weißer Decke
ein.
Ein Hauch des Atems zum Himmel
schwebt.
Der Kachelofen im Haus die Wärme zart
bewegt.
Das ist der Mutter allerliebster Platz,
wenn sie zum Lesen, ihre Kinder um sich
hat.

Jahreszeichen

Die Saat kommt in vorbereitete Erde
Damit aus ihr auch etwas Gutes werde
Niemals in der Erde bleibt
Was im Frühjahr sich dann zeigt.
Der Bauer kann dann für die Ernte
werben.

Ein Gänsepaar

Ein Gänsepaar mit ihren Jungen
Möchte sich im Garten tummeln.
Erkunden dann im tiefen Schatten,
wo ihre Kinder Sonnenschein hatten.
Man sieht dann wie im Menschenleben,
mögen es auch die Gänse gern zu leben.
Überall in den Parks der großen Städte
Gänse mit den Jungen in Parks tummeln
Wo sie den Eltern folgen und purzeln
Eltern sie aber stets zu behüten wussten

Es überrascht die Angst

Es überrascht die Angst
weiße Wolken die mich tragen
Gefühle weitertragen aber fragen
große Wellen im weiten Meer
Seele sie aber atmet weiter schwer

Trennung angesagt

Fühlten uns immer auf Wolke sieben
wo ist nur diese schöne Zeit geblieben
Kinder wurden geschenkt, die mitgelenkt.
mit ihnen haben wir uns aufgerieben,
dann wenigere Blicke mehr Schweigen.
Es sollte aber nicht weiter so bleiben.
leis schlich es ein, konnte keine Liebe sein.
Leben danach, war nicht zu beschreiben.
Das Leben dann glich einem Kampf.
Vieles blieb nicht echt, somit ein Krampf
Trennung musst sein, dann glücklich allein
jeder lebt frei und losgelöst vom Krampf

Sommerwind

Sommer so leicht wie der Wind
Hundstagen schließt Fenster geschwind
Vorhänge vorgezogen Stimmung bleibt
als gut bewogen.
dreht die Säule zum künstlichen Wind
dass freundliche Lüfte im Zimmer sind.

Bisher erschienen

Gedichtbände
2009 Gelebter Glaube
2009 Kurzbiographie
      Eine Heimleiterin erzählt
      Von Fall zu Fall
2018 Autobiographie
      Stöbern im Schatz meiner
      Erinnerung
2020 Unser Sommer
2020 Wünsche mir Zeit
2020 Lebensfreude
2021 Berge verhüllt
2021 hundert grüne Arme
2021 Erde das Richtige
2022 Dämmerung im Abendlicht
2022 Wasser im Garten
2022 Offene Augen
2022 mit leiser Freude
2022 manchmal ist es so

Vita

1933 in Essen geboren
1939 Einschulung in Essen
1947 Schulpflicht 8. Klasse beendet
1947 soziales Pflichtjahr
1948 Lehre Kaisers Kaffee
1951 Abschluß Kaufmannsgehilfe
1952 Weiterbildung Handelsschule
1953 Steno und Schreibmaschine
1958 Berufstätig als Kontoristin
1958 Selbständigkeit im Einzelhandel
1965 Heirat
1970 Berufsbegleitende Weiterbild.
    als Erzieherin.
1973 Berufung in die Jugendhilfe
    nach interner Weiterbildung
1986 Berufung als Heimleiterin
1988 Ruhestand, seit dieser Zeit
    schreibe ich
2003 Mitglied im Autorenkreis
2012 Witwe unsere zwei Kinder sind
    verheiratet habe drei
    Enkelkinder
2019 wohne ich im Matthias
    Jorissenhaus, in Neukirchen-Vluyn